傷は希望へのしるし

苦しみを喜びに変えるための
*8*つのステップ

平林冬樹 S.J.

ドン・ボスコ社

推薦のことば

このたび、イエズス会司祭の平林冬樹師が編まれた「傷は希望へのしるし」という、苦しみを喜びに変えるための八日間の黙想の手引きが発行される運びになりました。著者は「あとがき」において、「人生の歩みは、苦しみや悲しみを知る道です。生きるかぎり、それらを避けることはできません。苦しみや悲しみとどのように向き合うかで、人間の価値が決まると言っても言い過ぎではないでしょう」と述べています。「苦しみや悲しみとどう向き合うか」――新型コロナウイルス感染症のパンデミックという大きな困難な状況下で、著者はこのことを祈りのうちに黙想し、イエズス会の創立者イグナチオ・デ・ロヨラの『霊操』の手法を取り入れながら、キリストの福音のうちに光を見いだす手引きとして、八つのステップにまとめてくださっています。

イエス・キリストは「わたしについて来たい者は、自分を捨て、自分の十字架を背負って、わたしに従いなさい」（マタイ16・24）と仰せになりました。人それぞれに背負わなければならない「自分の十字架」があることをイエスは暗示しておられます。

また、自分にのしかかる苦しみを遠ざけてくださるよう主に祈ったとき、パウロが受けたみことばを思い起こしたいと思います。「わたしのめぐみはあなたに十分である。力は弱さの中でこそ十分に発揮されるのだ」（二コリント12・9）。

今回の感染症のパンデミックに伴う苦しみや悲しみだけではなく、「自分の十字架」とどう向き合って生きていくのか、これはイエスのあとに従う信仰者にとって、著者の言葉を借りれば「信仰の神髄」と言える日々の課題です。苦しみや悲しみの十字架は、これに誠実に向き合い、イエスと一緒に背負う道を歩む者にとって、むしろ心の傷を癒し、まことの光へと導くめぐみとなることを、この手引きはわたしたちに教えてくれています。この手引きを用いて祈り黙想する人が、十字架を通って復活の栄光へと導かれた主イエス・キリストに深く結ばれて、弱さの中で働く神のめぐみの力によって、「日々、新たにされて」（二コリント4・16）いくことを願ってやみません。

二〇二一年一月十六日

カトリック広島司教区司教　アレキシオ白浜 満

目次

黙想を始める前に

信仰は祈り、祈りは信仰。信仰とは祈ることです。信じて祈れば、必ず聞き届けられます。イエスは、それを確約してくださっています（マタイ6・6、21・22　マルコ11・24　ルカ18・1ほか）。神は、名誉にかけて、約束を守ってくださるに違いありません。だからイエスの弟子になるよう召された私たちは、人生に立ちはだかる苦難や危機に、信頼を込めて希望のうちに向き合うことができるのです。

体に負った傷は、適切に処置すれば早期の回復が見込めます。ところが、こころの傷から立ち直ることは容易ではありません。こころの傷の癒しは、体の傷の回復とは、かなり違うようです。イエスは復活したときも、手足に負った十字架の傷はそのままでした。イエスは、その傷跡に指を差し入れるようトマスに言いました（ヨハネ20・27）。トマスがそれに答えた瞬間、イエスの十字架の傷跡は、私たちの希望へのしるしになったのです。トマスは、福音書に記されたもっとも美しい祈りを言いました。「わたしの主、わたしの神よ」（同20・28）

人生の歩みは、苦しみや悲しみを知る道です。生きるかぎり、それらを避けることはできません。苦しみや悲しみとどのように向き合うかで、人間の価値が決まると言っても言い過ぎではないでしょう。すべての希望を断たれたときこそ神と出会い、真の信仰に辿り着くと言われます。これこそが、信仰の神髄、信仰の急所です。これさえ押さえておけば、何があっても神がともにいますことを確信し、確かな希望と深い喜びを失うことはありません。

本書は、読むための本ではありません。神と真摯に向き合うための、祈りのヒントです。それらを手がかりに祈る一人ひとりが、それぞれの黙想をとおして神との絆をいっそう深めることができれば、これ以上の喜びはありません。

本書の使い方

八つのステップに分けた本書の黙想は、基本的に個人で行うことを想定しています。しかし教会、家族、グループや何人かの仲間とともに祈り、その実りを分かち合いながら進めることも大いに勧められます。各自がいただくめぐみは、さまざまです。それを分かち合うことができれば、実りはいっそう豊かになるでしょう。

本書の構成

八つのステップは、最後のステップを除いてそれぞれ次の三つの部分から成り立っています。

A テーマの解説　各ステップのテーマを祈るための材料です。テーマの理解に役立つかぎり、参考にしてください。

B 聖書のみことば　テーマを深めるために役立つ聖書の箇所を示しました。みことばを頼りに黙想の要点を深めることができます。

C 黙想の要点　テーマに沿って黙想するための要点です。それらすべてを祈る必要はありません。自分に合ったものを二つか三つ選んで黙想することができます。

聖霊の促しがあればそれに従い、一覧にない要点で祈ってください。

黙想を終えるときは、必ず振り返りをしてください。黙想で得た光やめぐみ、ぴんとこなかった点、反発を感じたことなど、こころの動きやフィーリングを振り返ります。そして、いただいた光を短く書きとめておくことはとりわけ大切です。各黙想の振り返りには、巻末の「祈りの旅の振り返り」をご参照ください。

[各ステップの進め方]　黙想者は、各ステップを毎日一つずつ祈り、八日間で終わることができます。各ステップは、互いに連動しています。興味のあるステップだけを祈ることもできますが、できるだけ順を追って祈ることをお勧めします。

また一日に二つ以上のステップを黙想しないようにしましょう。先を急ぐ必要はありません。黙想では、多くのことを知るより、内的に深く感じ、味わうことのほうが、いっそうためになるからです。祈りが充実し、慰めを感じているときは、あえて次のステップに進もうとせず、こころゆくまでそこに留まるとよいでしょう。

さて、八つのステップのうち第8のステップは、それまでのすべてのステップの仕上げです。自分と神との関係、生き方、苦しみと試練に対する姿勢をはっきり自覚し、それを文字に書き表します。その作業自体が祈りなので、とくに聖句の一覧や祈りの要点を提示していません。

[黙想の内容]　本書に記したすべての項目は、黙想を助けるヒントに過ぎません。本書に書かれていない事柄を祈るよう聖霊の促しを感じたら、それを受け入れましょう。手を取って導いてくださる神に任せるのが一番です。

[黙想のしかた]　教会では古来、祈りを、おもに声に出して唱える口祷《こうとう》と、こころで

黙想といいます。本書では念祷を黙想と呼んでいます。黙想という言葉には、念祷よりもずっと広い意味が込められています。こころの中で黙って言葉を唱える口祷、思いを巡らす念祷、そして五感や感性で祈る観想などの総称が黙想です。

このプログラムでは、それらすべてを使いますが、その中でもとりわけイメージとフィーリング、すなわち感性を使いましょう。私たちの生きる姿勢を変えるきっかけは、理性での納得より、感性を揺り動かされることによるからです。

もちろん、祈り方や内容に決まりはありません。それぞれの人に合った方法で黙想することができます。大切なことは、聖霊の促しに従うことです。

「〝霊〟の火を消してはいけません」(一テサロニケ5・19)

主役は私ではなく、神だからです。

ステップ1

私の神

——私の神のイメージ

ステップ1

私の神——私の神のイメージ

自分を苦しめ、息の根を止めようとする苦難や危機と、これから、どのように向き合えばよいのでしょうか。そのすべを神に聞くことが、この黙想を始める動機であり目的です。信仰を込めて忍耐強く祈りさえすれば、神は、必ず答えてくださる。私たちは、それを経験で知っています。だから神への深い信頼と大きな希望をもってこの黙想に入りましょう。

黙想は、神が私とともに過ごしてくださる、水入らずのひと時です。神は全能ですから、私のこころの深いところまで知っておられ、全霊を傾けて私の叫びに耳を傾けてくださいます。神は、私に共感し、生きる勇気を与えてくださるのです。それでは、私と一対一で向き合ってくださる神とは、どのような方でしょう。

神について、どんなイメージをもっていますか。知識や情報ではありません。イメージです。なぜイメージが大切なのでしょうか。知識や情報で知っているだけの知人に、自分のこころの深みまで開くことは困難でしょう。良いイメージの相手には、安心してこころを開けます。イメージは、フィーリング、すなわちこころの奥深い感性にまで届きます。相手についての情報が足りなくても、イメージがこころを動かし、こころとこころが触れ合います。そこに親しさが生まれ、共感し、言葉を超えた理解が実現します。黙想によって神とこころが通い合うなら、愛と信頼が深まり、恐れが取り除かれます。こうして私の存在そのものが、生き生きとし、豊かになるでしょう。

一般的に言う祈りは、おもに言葉によります。それに比べて、黙想と呼ばれる祈りの特徴は、頭よりフィーリングとイメージです。言い換えると、理屈で考えを巡らせるより、むしろ五感、とくに視覚と聴覚などイメージの豊かさを多く使って神と触れ合うのです。黙想に慣れるほど、次第にイメージがおもになります。こうした黙想を観想と呼びます。観想の段階では、言葉は少なくなり、こころの深いレベルで神との深い親しさが深まります。

愛はイメージから

人は、イメージできないものを愛することができません。しかし神は、その姿が見えず声も聞こえません。神の愛を理解する難しさは、ここにあるでしょう。だからこそ、神の独り子が人間になり、目に見える姿で父である神を示してくださいました。こうして私たちは、聖書や聖人伝が伝えるイエスの姿を頼りに、神のイメージをもつことができます。しかしどんなに素晴らしいイメージが育ったとしても、安心できません。本当の存在とかけ離れた、自分勝手なイメージをつくりあげ、それを愛することもあり得ます。その人が抱く神のイメージが、信仰のあり方や神と自分との関係を左右するのです。

「神は厳しい」というイメージなら、神を遠く感じ、恐れとおののきをもって神に服従する生き方になるでしょう。こうなると私の出方次第で、私への態度を変える上司のように神を理解するかもしれません。そうすると、いたたまれなくなって、信仰から離れてしまうかもしれません。反対に、優しすぎる神のイメージ、癒しとゆるしばかりが強調された神のイメージなら、わがまま勝手に何をしても大丈夫と思い込んだり、神は私の願いを何でもすぐにかなえてくれる存在と決め込んだりします。もし神に対するイメージをもち合わせないなら、思想か道徳と変わらない、頭のレベルの信仰になるでしょう。このように神のイメージが歪んでいると、祈りが難しいばかりか、新しい人に生まれ変わることは、容易ではありませんし、信仰生活も歪んだもののになってしまいます。そこで、神との語らいのときを迎えるに先立ち、私の神のイメージをはっきりさせておきましょう。

《黙想》

◆準備の祈り

私の思いと行いが神への賛美と奉仕になるよう、神への愛をいっそう深めることができるよう、神のイメージをはっきりさせることができるめぐみを願う。

◆聖書のみことば

詩編8、16、19、23、36、103、123、136

イザヤ9章、42・1〜3、43・1〜7、51・1〜16、54章、66・12〜14

・祈るために選んだみことばを紙に書き写し、それをもって外に出てもよい。

・みことばを味わう間に起こってくるこころの動きを味わい、内的な声に耳を傾ける。

・黙想の締めくくりに、祈ったことや感じたこと、気づいたことについて、イエスや聖母と話し合う。祈りの中で感じたこと、気づいたことをお話しし、どんな答えをいただけるか、じっと待つ。

《黙想の要点》

1　大自然の中に神のイメージを見いだす

目に見えない神を目に見えるようにイメージするには、大自然の姿が手がかりになります。どこまでも青く澄み切った大空を眺め、神の愛の偉大さを知る。青い大海原を見て、神の愛の深さをイメージするといった具合です。

さりげなく野に生きる草花や土や石を丹念に眺めてみます。その一つひとつの中に、神の愛と摂理を感じましょう。大きく深く雄大な星空を見上げて、感慨に浸るのもよし。しばらく、その大自然に精神を注いでください。神はその大自然をとおして私を支え、養い、守ってくださっていることに気づき、驚きましょう。

寒さや猛暑で外出がままならないなら、部屋や聖堂に座り、そっと目を閉じ呼吸を整えて、好きな自然の風景を思い浮かべましょう。遠い風景を眺め、草や木に目を留め、夜空の月や天空にまたたく星たちを仰ぎながら、地上に佇む小さな私を支えてくださる神の深い愛を観想しましょう。どの大自然が、私の神のイメージにぴったりでしょうか。海、太陽、大空、青空、山、など。

2　イエスが教える神の姿

厳しい神のイメージにとらわれているファリサイ派や律法学者に対して、イエスが示す神の姿を黙想してみましょう。

aよい羊飼い　ルカ15・1〜6、ヨハネ10・7〜21

b二人の息子の父　ルカ15・11〜32

私の神のイメージは、優しいものでしたか、厳しいものでしたか。神の優しさ温かさとは、自分なりの言葉で、どのように表現できますか。

3　神に愛されている実感を味わう

聖書のみことばから好きな箇所を選び、ゆっくりと味わいながら何度も繰り返し読む。そのみことばをロザリオの珠に託して、百五十回、繰り返し唱えてもよい。

4　私にとって神とは

イエスは私たちに、神を父として示してくださいました。では私にとって神はどんな方であるかを、短く書きとめてみましょう。人物評のようにではなく、「私にとって」という視点が大切です。「私にとって、あなたとは」という内容で、神に手紙を書いてみるのもよいでしょう。

祈り

慈しみの源である神よ、あなたは、私が生まれる前から私を知り、その無限の愛のこころで支え、養ってくださいます。しかし私には、あなたがくださっためぐみのすべてを知る力がありません。それでも、どうか神よ、あなたが、どんなに深い思いで私を愛してくださっているか、その姿をもっと深く悟らせてください。私たちの主、イエス・キリストによって。アーメン。

ステップ2

神の愛、愛の神

――私をこよなく愛してくださる神

ステップ2

神の愛、愛の神――私をこよなく愛してくださる神

神の「原理と基礎」――義に裏打ちされた愛

神は愛（一ヨハネ4・16）、それが聖書全体を流れる主題です。しかし神の愛は、節操のないぐずぐずの溺愛ではありません。正義に裏打ちされた秩序ある愛です。このことをわかるために、聖イグナチオの『霊操』23にある「原理と基礎」が役立つでしょう。「原理と基礎」、耳慣れない固い言葉かもしれません。でもそんなに難しい話ではありません。ひらたく言えば、人は誰でも、何かしら大切にしていることがあり、それに従って行動しますね。それが「原理と基礎」の考え方です。神がもっとも大切にしていること、これが、すべての「基礎」です。その価値観に基づいて、何をなさるかを決めます。決めるときの物差し、基準が「原理」です。

「原理」　神の行動の物差し＝正義を行うこと（罪にとらわれている人間を救うこと）

「基礎」　神の基本的価値観＝人間は無条件に尊い（神のいのちを受けているから尊い）

つまり神の「原理と基礎」とは、こうです。神は、一人ひとりの人間をかけがえのない尊い存在と考え、何があっても人間を愛しぬくことを示します。神は、人間を罪から救い、幸せにするために、なりふり構わず何でもなさいます。その最愛の独り子さえ人に与えたではありませんか。ただし神は、目的のために手段を選ばないというわけではありません。神は、完全な愛であると同時に完全な正義です。人を愛するあまり、悪とその結果である罪に黙って目をつぶるような、中途半端でいい加減な愛ではありません。罪の根を断ち切り、こうして人間を真に幸せにします。神の愛は、罪の根を断つ愛なのです。愛そのものである神の「原理と基礎」を押さえておけば、神と私との健全な関係を強めることができます。それらを知る道は三つあります、聖書のみことば、みことばを生ききった聖人たちの生涯、そして私自身の人生です。

神のあわれみ

旧約聖書と新約聖書を一貫して貫くおもな主題の一つは愛ですが、聖書は、それを絶対的なあわれみ（ミゼリコルディア）という概念で表現します。

ミゼリコルディアに対応するヘブル語の一つは、ヘセドです。これは元来、法的な忠実さを意味し、神においては、契約に基づくあわれみとして現れます。一所懸命の神は、人を救うというご自分の約束を真実・誠実に守ります。しかし律法を守らず、神から離れる人がいます。神は、義そのものです。だからそんな人は、本来見捨てられ罰せられることが正義でしょう。でも愛である神は、そうした人びとをも見捨てることができません。ここにヘセドを超える、いっそう次元の高い神の愛が示されます。裏切りを超える愛、罪よりも大きな愛です。

理屈を超えてなお人を愛しぬく神の心情。これを表すヘブル語の言葉は、ラハミームです。これは子宮を意味します。罪人や弱い人びとにまなざしを向けるとき、神は、まるで子宮が収縮して激痛を覚えるような深い痛みと苦しみを感じるというのです。ヘセドは、どちらかというと、好ましい人への「慈しみ」の愛を、ラハミームは、救いがたい人への「あわれみ」の愛と言えるかもしれません。

新約聖書に現れる神のあわれみ

新約聖書には、あわれみを示すギリシャ語の言葉が、二つ出てきます。一つは、「エレオー」。新共同訳聖書では、「あわれむ」と訳されます。これは、困っている人を見て気の毒に感じる、あわれに思うこころを表すといわれます。もう一つは、「スプランクニゾマイ」。新共同訳聖書では「深くあわれむ」と訳されます。これは、ヘブル語の「ラハミーム」に通じます。はらわた、腸を意味するスプランクノンを語源とし、はらわたが引きちぎられるような思い、他者の苦しみや悲しみを前に激しく痛む思いです。

新約聖書で「スプランクニゾマイ」は、四つの福音書にしか出てきません。しかもそれは、人間ではなく、御父と御子の心情表現だけに使用されます。他者に対してそこまで共感できる力は、人間にはない。それどころか人間は、他者の痛みに共感しまいとさえするのです。なぜか。大勢いる他者皆に、そこまで共感していたら身がもたないからでしょう。人は、苦しみの感情に耐えられない。人間に対してこころの底から共感し、痛みを覚えることができるのは、神だけです。

ところが、伝統的な西洋哲学・神学によれば、神は苦しむことができません。苦しみは不完全のしるしです。神は全能で完全無欠な存在なので、苦しむことなどあり得ない。そんな神が、なりふり構わず、神であることをかなぐり捨てても、人間の惨めさに共感し人間を救いたいと熱く望むのです。

父が憐れみ深いように（ルカ6・27～36）

二〇一五年から祝った「いつくしみの特別聖年」のモットー「あなたがたの父が憐れみ深いように、あなたがたも憐れみ深い者となりなさい」（ルカ6・36）。これは、同27～35節に記されたイエスの提案の結論です。まことに驚くべき言葉が、ここに語られます。イエスによればあわれみ深いとは、弱く貧しい人びとをかわいそうだと感じて情けをかけるという意味合いとは、だいぶ違っているようです。

イエスのあわれみの対象になる人びととは、自分を憎み、悪口を言い、暴力を振るい、侮辱する人、自分に何かを借りても返そうとしない傍若無人な人なのです。これを耳にしたとき、ほとんど途方にくれてしまいます。そんなことができるのか。たいていの場合、私たちは、自分に好ましく感じる者だけを大切にしようとします。しかし、敵をも愛せとのイエスの提案は、私たちの愛の範囲、愛の常識からはみ出してしまっています。では、なぜ私たちは、イエスの提案を受け入れることができるのでしょうか。「父は悪人にも善人にも太陽を昇らせ、正しい者にも正しくない者にも雨を降らせてくださる」（マタイ5・45）、この言葉を聞くと、「ああそうか、神は、あんな人をも太陽や雨で生かしてくださっているのか」などと思うことがあるかもしれません。しかし考えてみると、神を恨み、神の悪口を言い、侮辱し、いただいためぐみに感謝もせず、恩返しも十分にしないのは、この私にほかならないのです。

神の前にこんなに至らない私をも、神は太陽と雨で養ってくださる。それどころか、私のために十字架をも担ってくださる。敵をも愛する第一の実践者は神ご自身です。私が何の見返りも求めずにひたすら人に尽くす根拠は、報いを求めず、ただ人間が立ち帰ることだけを願う神の無条件のはからいです。だからあわれみこそ、人間の救いを実現するための、神の原理と基礎と言えるでしょう。

放蕩息子と父（ルカ15・11〜32）

放蕩息子と呼ばれるこの弟は、正しい手続きで父から財産を相続しました。その財産をどう使うかは自由でしょう。とはいえ、父も兄も捨てて家を離れ、父が築いた財産を浪費したような道義にもとる男。そんな弟を責める兄の言い分のほうが、ずっと道理に適っています。兄は冷たい人間どころか、生真面目で豊かな感性をもつ常識人かもしれません。それだけにこの兄は、そんな弟を無条件にゆるす、理屈を超えた途方もない父の愛を理解できません。弟をもてなす父の行動がゆるせないのです。父をそこまで突き動かしたこころ。それは、理屈や道理ではありません。「憐れに思う」（ルカ15・20）スプランクニゾマイの一点です。

放蕩息子のたとえ話は、ファイリサイ派や律法学者たちの問いへの答えです。この話は、子どもにもわかるようですが、じつは大変難しいのです。神の正義は、人間の常識をはるかに超えています。こんな父は神以外にいません。だからこそ、律法に忠実であろうとしたファイリサイ派や律法学者たちは、「そうだったたのか」と言って納得できませんでした。こんな話は正義に背く。そしてついにイエスを殺したのです。イエスは、神のあわれみを伝えるために、いのち賭けでこのたとえを話したのです。

《黙想》

◆準備の祈り

私の思いと行いが神のあわれみを十分に実感できるよう、聖霊の光と助けを願う。私が神を忘れても裏切っても、変わらない慈しみを注いでくださる神の愛を悟るめぐみを願う。

◆聖書のみことば

マタイ9・9～13、14・14　マルコ6・34～44　ルカ6・27～36、15章、イザヤ54・5～7

《黙想の要点》

1　神の深いあわれみを体験した人を知っていますか。その人はあわれみの神との出会いをとおして、どのように変えられていきましたか。

2　生涯を振り返り、放蕩息子のように神のあわれみを実感した体験がありますか。

3　今でも自分の良心の目で、自分自身をゆるせない何かがありますか。こころを開いてそれを神に見せ、助けを願ったことがありますか。

4　神はなぜ、私たちを神ご自身の宝と思ってくださるのでしょうか。

5　どのようなことで神のゆるしとあわれみをいただいていますか。

6　所属する共同体の中で、少し問題があると感じる人のどこをゆるせませんか。

7　その人の関係に、神はどのような目を注いでおられると思いますか。

・祈ったこと、腑に落ちたこと、落ちなかったこと、慰めを感じたことなど、何でもイエスに話しましょう。イエスがそれをどのように受け止めてくださるか、イエスの反応に耳を傾けましょう。

祈り

揺らぐことのない愛と義で私たちをお守りくださる神よ。あなたは、この上なく尊い存在として創造された人間が、罪に滅びることをおゆるしにならず、最愛の御子、イエスをこの世に送ってくださいました。御子は、人を救いたいと強く望むあなたの思いに応え、一粒の麦として十字架の上でいのちをささげてくださいました。私たちが、イエスのこころをこころとし、地に落ちた一粒の実りを無駄にすることのない生き方ができるよう、お導きください。私たちの主、イエス・キリストによって。アーメン。

ステップ3

委ね尽くす神

——愛は委ね

ステップ3

委ね尽くす神――愛は委ね

愛の最大の特徴、それは与えることと言われます。ところが、与える愛を超える愛があることを神は私たちに教えてくださいました。それは、委ねる愛です。ただ与えるだけに留まらず、より積極的です。

たとえば、大切なものでも何でも、だれかれとなく与える寛大な大富豪がいるとします。彼が歳をとって子どもたちのうち、誰かの家に身を寄せるとしましょう。信用ならない、いい加減な息子に身を委ねることはしないでしょう。驚くことに、神は、罪にまみれた人類に、ご自分の運命を委ねてくださったのです。

イエスの委ね――神に委ね、人に委ねる道

イエスは、人となって私たちの間に住み（ヨハネ1・14参照）、十字架上で、まさに血の最後の一滴に至るまで、この私に与えてくださいました。しかも神は、ご自分を与えただけではありません。ご自身の運命を人間に委ねてしまいました。これは驚く

べきことです。全能永遠の神が、弱く頼りない人間に自分の運命をあずけてしまったのですから。

＊その誕生において「言は肉となって、わたしたちの間に宿られた」（ヨハネ１・14）

イエスの誕生のいきさつを、こころの目で眺めましょう。イエスが生まれた馬屋はどのようであったか、かいがいしく世話する一人ひとりの表情を見、会話に耳を傾けます。

何が見えますか。何が聞こえますか。イエスは、人びとが世話しなければ生きていけない、弱い乳飲み子としてこの世界に来ました。身重のマリアとヨセフは、泊まる場所さえ与えられず、イエスは、家畜の餌の入れ物の中で生まれました。そこは敵意で囲まれた世界です。ヘロデは幼子イエスを殺そうとしました。幼子はヨセフとマリアの保護に身を委ねきり、エジプトに下りました。

さらにイエスは、一人前に成長してからもヨセフとマリアに仕えました。「イエスは一緒に下って行き、ナザレに帰り、両親に仕えてお暮らしになった。母はこれらのことをすべて心に納めていた」（ルカ２・51）

このような神の委ねは、神秘としか言いようがありません。

＊十字架上で「父よ、わたしの霊を御手に委ねます」（ルカ23・46）

イエスは、弟子たちに言います。

「わたしについて来たい者は、自分を捨て、自分の十字架を背負って、わたしに従いなさい」（マタイ16・24　マルコ8・34）

そもそも、私たちが担うべき自分の十字架とは何でしょうか。十字架は、想像を絶する過酷な苦痛を味わわせながら人をじわじわ死なせる刑罰です。イエスは、それを自ら担えと言うのです。それは、自殺の勧めでしょうか。当然違います。苦しみを選べと言うのでもありません。では、十字架とは何を意味するのでしょうか。

十字架は、苦しみの象徴というより委ねの象徴です。自ら死を選ぶ方法は、銃、ガス、薬物など多くあります。いずれも自分で実行できる死の手段です。十字架だけは、他人に与えられなければ実行できません。「自分を捨て、自分の十字架を担う」とは、自分のつまらない思惑を離れ、たとえ納得できなくても、すべてを見とおす神の意思を選び、それに委ねてごらんとイエスは言うのです。そしてイエスは、父の救いの計画の完成のために、ゲッセマネで祈った末に、「わたしの願いではなく、御心のままに」（ルカ22～42）と言って、自分の望みを離れることを決断し、ご自分が十字架にかかられました。

マリアの委ね――「お言葉どおり、この身に成りますように」(ルカ1・38)

「フィアト」(fiat)は、天使ガブリエルに対するマリアの答え、「お言葉どおりになりますように」に由来するラテン語です。神の御旨に自己を委ねる言葉として、カトリック教会の中で古くから親しまれてきました。マリアは、当時の若い女性なら誰もが望んだように、幸せな結婚生活を夢見ていたでしょう。つましくも温かい家庭を築きたい、ヨセフとなら幸せになれる。そんなマリアの前に一位のみ使いが訪れます(ルカ1・26〜27)。そのメッセージは、予想もできないものでした(同1・31〜37)。あなたは、救い主の母になる。突然のことに戸惑いながらも(同1・29)、マリアはその言葉を受け入れ、自分の運命を神に委ねました。これは、イエスが弟子たちに教えた主の祈り「み心が天に行われるとおり、地にも行われますように」を先取りしています。

またカナの婚礼(ヨハネ2・1〜11)でぶどう酒が足りなくなったとき、マリアは、居合わせた召し使いたちに対して、「イエスが何か言いつけたら、そのとおりにしてください」と頼みました。ぶどう酒が足りなくて皆が困っているこんなときに、なぜ六つもの大きな水瓶に大量の水を入れる重労働を頼むのか、召し使いたちはいぶかったかもしれません。マリアは、生涯を「委ねる」生き方を貫きました。

ヨセフの委ね――「主の天使が命じたとおり、妻を迎え入れた」(マタイ1・24)

ヨセフはどこにでもいそうな、しかし実直な青年だったのでしょう。マリアと婚約し、明るい将来を夢見ていたと思います。二人で所帯をもったらああもしよう、こうもしたい。ところが、とんでもない事実がわかりました。婚約者が身ごもっている。裏切られた思い、怒り、悲しみに打ちひしがれて当然でしょう。何しろ律法によれば、マリアは石打ちの刑(レビ20・10　申命22・24)に相当する重罪を犯したのです。

ヨセフは、二つの選択肢の中で、もがいたことでしょう。第一は、律法に従ってマリアの懐妊を公表し、その処置を当局に任せる。第二は、密かにマリアとの婚約を解消してマリアを去らせる。それぞれに一長一短があります。ヨセフは人知れず悩みぬきました。ヨセフは、正しい人でした(マタイ1・19)。しかしそれは、律法を守る正しさとは違います。他者を大切にする正しさでした。マリアを石打ちで死なせることは残酷すぎる。かといって第二の道を取れば、世間は自分を責めるだろう。ヨセフは悩みぬいた末、こころに決めます。自分は周囲からどう思われてもよい。マリアをそっと去らせよう。そしてヨセフは、夢で神と出会います。そこは、誰も入っていけないこころの奥底です。信仰者は、そこで人知れず神に出会います。「ダビデの子ヨセフ、恐れず妻マリアを迎え入れなさい。……マリアは男の子を産む。その子をイエスと名付けなさい。この子は自分の民を罪から救うからである」（同1・20〜21）

ヨセフは神の意志に自分を委ね、自分ではまったく考えられないと思った道を選びました。そして再び神の計画に従い、家族を守るためにエジプトに退きました。（同2・13〜14）

＊＊＊

神の救いの歴史は、このように人の委ねによって実現していったことがわかります。イエスはもとより、「神の恵みに満ちた方」と天使に祝福されたマリア、神の意志に自己を委ねたヨセフも、楽しく満ち足りた生活どころか、苦難の道を歩きました。しかしその委ねにめぐみが働いていたことは確かです。

神はヨセフに「ダビデの子よ、恐れることはない」と言われたように、私たちにも「恐れるな」と語りかけています。私たちはすべての怒りと失望を脇に置き、自分の思惑どおりにならなかったとしても、出来事をありのままに受け入れ、抱きしめる必要があります。希望と勇気を伴う委ねです。そうすれば、私という存在は、いっそう意味ある生き方に開かれます。

教皇フランシスコが、ヨセフの特別年の使徒的書簡『父の心で』(Patris Corde)の中で言うように、福音に従って生きる勇気があれば、私たちの生き方は奇跡のように生まれ変わります。すべてがうまくいかなかったように見えたり、いくつかの課題が修正できなかったりしても、問題ではありません。神は、石ころだらけの地面からも、花を咲かせることができます。「神は、わたしたちの心よりも大きく、すべてをご存じだからです」(一ヨハネ3・20)

《黙想》

◆準備の祈り

私の思いと行いが神への賛美と奉仕になるよう、自分のつまらない思惑ではなく、神の御旨に自己を委ねる勇気とめぐみを願う。

◆聖書のみことば

マタイ1・18〜25、26・36〜42　ヨハネ21・1〜23　ヘブライ5・7〜9
イザヤ42・1〜10　エレミア15・10〜21

《黙想の要点》

1　「すべてを置いて」イエスについて行きたいと思いながら、他方では「これは置いていけない」と感じて執着してしまうものがありますか。それはなぜでしょうか。

2　なぜそれを手放せないのでしょうか。

3　それを手放したら、どうなると思いますか。

4　神に何かを委ねた体験がありますか。委ねることができたとき、どのように感じましたか。

・黙想でいただいた光、助けになったみことばなどを書きとめ、今回の黙想で気づいたこと、反発を感じたことを聖母やイエスと話し合いましょう。

祈り

限りない慈しみの神よ、あなたは、あふれるほどのめぐみを惜しみなく与えてくださるばかりか、最愛の御子を、弱い私の手にお委ねになりました。この救いの神秘を、どうかこころゆくまで味わわせてください。そして私にも、あなたの御旨に自身を委ねていく勇気と賢明さを与えてください。私たちの主イエス・キリストによって。

アーメン。

ステップ4

希望を生む約束

――主の受難

ステップ4

希望を生む約束——主の受難

人を思う神の愛と、愛の神に身を委ねようとする人の行く手に、深刻な壁が立ちはだかります。それは罪の現実です。罪は人を破滅に追いやります。イエスは愛のメッセージを告げるとともに、真剣に罪に立ち向かいました。そこに妥協はありません。

では、そもそも罪とは何でしょうか。道徳や法律でいう「罪」は、掟破り、規則違反でしょう。イエスが問題にする「罪」は、神との関係です。何かをするとか、しないとかではありません。その人自身の生きる姿勢です。神とどのような「関係」にあるかが問われるのです。愛そのもの、完全な善である神と親密で良好な関係にあれば、それはめぐみです。反対に神との良い関係が切れている状態が罪です。

創世記が語る罪

創世記が語るアダムとエバの楽園追放の物語（創世記2・15～3・19）は、罪の実体を見事に描いています。蛇の姿で象徴される悪の力は、巧妙な偽りで人を神から引き離そうと企みます。蛇は言います、「園のどの木からも食べてはいけない、などと神は言われたのか」(同3・1)。しかし神が言われたのは、それと反対です。「園のすべての木から取って食べなさい」(同2・16)

アダムとエバは、悪の力にそそのかされてしまいます。そのすぐ後、アダムとエバは、神の気配を感じ、姿を隠します。これは、人が神から離れてしまったことを象徴しています。事の次第を問いただした神に対してアダムは、その責任がエバと神にあると主張します。「あなたがわたしと共にいるようにしてくださった女が、木から取って与えたので、食べました」(同3・12)

こうして、楽園で神と一致していた人間は、神との関係だけでなく、人間同士や自然との関係でも分裂の状態に陥ったのです(同3・17〜19)。これが罪の実態です。分裂したすべての関係を修復できるのは神だけですが、神は、それに対する人間の協力をも求めます。神は、悪の力、アダムとエバの所業の結果を告げますが、同時に、早くもその救いの計画を告げます。神から離れた人間の状態を修復するための贖いの予告です(同3・15)。

愛の絆の崩壊

イエスは、贖いのわざである十字架の死を目前に、弟子たちと過越《すぎこし》の晩餐《ばんさん》に臨みました。聖体の秘跡の原型であるこの晩餐は、理想的な共同体による祝いの雰囲気だったでしょうか。弟子たちはそのとき、わけがわからなかったのです。マルコ十四章を読み始めると、すぐにユダの裏切りが語られます、その前にはイエスの受難の予告をよそに、誰が一番偉いかと弟子たちが議論します（マルコ9・30～34）。過越の祭りを前に、イエスを囲む共同体には裏切りと競争心が色濃く影を落とし始めていました。

最後の晩餐（同14・22～25）の席には、この後すぐにイエスを売るユダ、主を否むペトロがいます。それどころか、弟子たちは皆、捕らえられるイエスを置いて逃げ去ってしまうのです。死の恐怖が支配するだけではありません。裏切り、すなわち愛を真っ向から潰そうとする憎しみ（同14・71）が、愛の交わりのただ中に生まれ、愛を断ち切ったのです。ここに、人間の罪の様相がはっきり現れています。弟子は裏切り、見捨て、逃げ去るのです。神との関係をつぎつぎに断っていく罪の実態です。

主の約束

人が神との関係を切ろうと逃げ回ったとしても、神は人間との関係を切ろうとはしません。否、むしろ関係を深めようと人を追いかけます。

イエスは、最後の晩餐の席で新しい契約、約束を宣言し（マルコ14・24　マタイ26・28）、それを記念するよう命じます（ルカ22・19）。にもかかわらず、イエスが捕らえられるやいなや、弟子たちはイエスを残して散り散りになってしまうのです。イエスは、弟子たちが再び集まることを予見していたからでしょう。弟子たちに対するイエスの希望の火は消えていません。イエスは杯を取って感謝をささげています。この状況の中で、いったい何を感謝できるというのでしょうか。

教皇ベネディクト十六世（在位二〇〇五～二〇一三）によれば、このときイエスは贖いのわざの完成に対する感謝、復活に対する感謝の祈りをささげたのです。

二つの予告

弟子たちが、最後の晩餐で祝福されたパンとぶどう酒に与った後（マルコ14・23b～

26）、イエスは二つのことを予告します。一つは、弟子たちの離反（同14・27）、もう一つは、ご自分の復活と弟子たちとの再会です（同14・28）。ペトロは、自分の離反を否定し、「たとえ、みんながつまずいても、わたしはつまずきません」（同14・29）と言ってのけました。すべてを捨てて従ってきた主との固い愛の絆が断ち切られるなど考えられない。自分にかぎってそんなことをするわけがない。そのような思いで大見得を切ったのかもしれません。しかしペトロにそれはできなかった。なぜでしょう。

ペトロは、主との愛の絆の確かさが自分の中にあると勘違いしていたからでしょう。自分の力で信仰と愛を全うし、殉教さえできると思い込んでいました。しかし死への恐れが、そんな決意をいとも簡単に打ち砕きます。死、すなわち絶望です。主と一緒に死んでもよいと思ったものの、死への恐怖、言いしれない絶望が、愛をねじ伏せたのです。

希望への約束

このときペトロは、その絶望に勝つための「鍵」をイエスが手渡してくださっていたことに気づきませんでした。人間のあらゆる希望を砕き去る死に打ち勝つ鍵が、私たちには与えられていることを忘れてはなりません。その鍵とは、「約束」です。いのちの主である神から与えられる「約束」こそが、絶望に打ち勝ち、希望に生きる「鍵」なのです。

神は、民と固い約束を交わしてくださいました。「わたしはあなたたちの神となり、あなたたちはわたしの民となる」（エレミア7・23）

神は、この約束を忠実に果たしてくださいます。人間が忘れても、神はこの約束を忘れることはありません。その約束を果たすために、御子を遣わし、御子は十字架にかかったのです。父はそのイエスを復活させ、私たちとともにいるようにしてくださいました。この約束を忘れないようにと、イエスは私たちに新たな素晴らしい記念を残してくださいました。それは、聖体の秘跡です。

「一同が食事をしているとき、イエスはパンを取り、賛美の祈りを唱えて、それを裂き、弟子たちに与えて言われた。『取りなさい。これはわたしの体である。』また、杯を取り、感謝の祈りを唱えて、彼らにお渡しになった。彼らは皆その杯から飲んだ。そして、イエスは言われた。『これは、多くの人のために流されるわたしの血、契約の血である。……』」（マルコ14・22～24）

神の約束は、どんな絶望も太刀打ちできない希望への鍵なのです。私たちは、その鍵をいただいていることを常に思い起こすために一つに集まり、主の食卓を囲んで主の死と復活を祝い、記念します。

《黙想》

◆準備の祈り

私の思いと行いが神への賛美と奉仕になるように、切に祈る。神が、私にくださった鍵をいつも忘れないで懐に収めることができるめぐみを願う。

◆聖書のみことば

マルコ14、15章　ルカ22・14～34　ヨハネ16・16～32　一コリント11・23～26
創世記17・1～9　イザヤ41・10～14、42・1～10

《黙想の要点》

1　最後の晩餐に臨むペトロのこころを追体験しましょう。ペトロは、何を恐れたのでしょうか。

2　ペトロは、イエスさえも裏切った恐れから、どのように解放されたと感じますか。

3　日常生活の中で、私を決まって悩ます恐れがありますか。それはどのようなものでしょう。イエスと一緒にそれを観察しましょう。

4　私をいつも決まって悩ませる恐れがあるとしたら、イエスは私がそれから解放されるように、どのような「鍵」をくださっているでしょう。

5　私はその鍵を活用していますか。活用しきれないとすれば、なぜでしょうか。

祈り

信じる者の希望である神よ、イエスの姿に励まされ、どのような苦しみにさらされようと、そこに希望の光が灯っていることを悟らせてください。受難に向かうイエスが与えてくださった希望の鍵を失うことのないよう、私たちをお守りください。私たちの主イエス・キリストによって。アーメン。

ステップ5

苦しみの意味を問う1

――「私がどこにいても主は待っていてくださる」（聖バキータ）

ステップ5

苦しみの意味を問う1――「私がどこにいても、主は待っていてくださる」

なぜ苦しみが

神に愛されている実感が深まるにつれて、罪のほかにもう一つ、どうしても避けて通れない問題にぶつかります。神がこの世界を愛し、罪に打ち勝ったのなら、なぜ人生に苦しみや危機がつきまとうのでしょうか。愛そのものの神が存在するのに、どうして人間はこれほど苦しまねばならないのか。じつは旧約時代のユダヤ人にとって、これは大きな謎だったようです。

天地万物を造られた神は、イスラエル民族をご自分の民として選び、必ず幸福にすると何度も約束しました。エジプトで奴隷として苦しめられていたユダヤ人を解放し、砂漠でさまよう四十年の旅の後、ようやく約束の地に安住させました。しかしソロモン王の時代に絶頂期を迎えたイスラエル民族は、その後、坂道を転げ落ちるように衰退します。バビロンの捕囚など、長い苦難の道を辿り、ローマ帝国によってついに祖国は滅ぼされ、流浪の民となったのです。

二つの仮説

ユダヤ人たちは最初、苦しみは神の罰と考えました。たとえば神を神とも思わないバビロンに対して、神は苦痛に満ちた罰を下すと聖書は語ります（イザヤ13・1〜11）。イスラエルの民が列強から虐げられるのは、神からこころが離れたイスラエルの民に対する神の罰と理解しました。しかし重い罰など受けるほどの罪を犯していないのに、過酷な運命を背負わされる善良な人びとは大勢います。

そこで次に出した答えは、苦しみとは神による教育であるという考えです。神は愛する人びとを鍛え、信仰を強め、成長させるために苦難を与えるというわけです。ヨブのような善良な人が、酷い目に遭った。それは、神によるヨブへの教育であると解釈します。しかし、立派に子育てをしたひたむきな母親が、突然の事故でわが子を失うことがあります。それでもこれは、神による教育なのでしょうか。

結論から言えば、答えは出ないのです。また答えを出すべき性質の問いではありません。苦しみは人の知恵をはるかに超える「神秘」の領域に属します。理性で理解し解決できる種類の「問題」ではありません。苦しみは深い闇です。それは人間をすっぽり覆い尽くし、何も見えず、何も聞こえなくします。イエス・キリストも、苦しみ自体の意味を語っていません。ただし、苦しみと向き合う自分の姿を示してくださいました。だから苦難のとき、危機のときに頼るべきは、イエスの背中ただ一つです。

苦しみに意味を見いだす

ヘブライ人への手紙の著者は、イエスの姿を次のように伝えています。

「キリストは、肉において生きておられたとき、激しい叫び声をあげ、涙を流しながら、御自分を死から救う力のある方に、祈りと願いとをささげ、その畏れ敬う態度のゆえに聞き入れられました。キリストは御子であるにもかかわらず、多くの苦しみによって従順を学ばれました。そして、完全な者となられたので、御自分に従順であるすべての人々に対して、永遠の救いの源となり」（ヘブライ5・7～9）ました。

苦しみに対するキリストの姿は明らかです。自分の力では苦しみを解決することも逃れることもできないなら、逆にそれを積極的に選び取り、引き受けてしまうことです。無論、それはつらく、簡単なことではありません。だから泣いても叫んでもいい。

いやむしろ、神に叫ぶべきでしょう。こころを開き信頼を込めて、素直な気持ちと感情を神にぶつけることがゆるされています。でもめげることはありません。勇気をもってその苦しみに直面しましょう。神は、かならず答えてくださるからです。

神は父なのです。私のために独り子が十字架にかかることを容認した御父が、私たちを見捨てることがあるでしょうか。歓迎すべきことであれ、不快なことであれ、神は、すべてをとおして私を導いてくださる。だから恐れることはありません。

苦しみを選び取る

神は人間に高い価値を認めているので、神ご自身が人になりました（ヨハネ1・14）。ご自身が、人間とともに苦しむためです。独り子は、人間のあらゆる苦しみに進んで身を置き、ともに苦しみました。だから私たちには、苦しむ力が与えられています。

私たちの苦しみは、慰めで満たされます。苦しみとどう向き合うか。それによって、その人の品格、人間の質が決まります。キリストは、十字架を担う決断によって、人間性に深く根ざす苦しみを意味のあるものに変え、苦しみを引き受けるための新たな深い力を私たちに与えてくださっています。苦しみそれ自体に価値はありません。人間の弱さと罪から生じ、人間を痛めつけるだけです。しかしキリストに従うとき、苦難は神との出会いの場になります。依然として苦しみそのものは残るとしても、その意味が変わります。ペトロは、主の受難のときイエスについていかれませんでした。しかし復活の主に出会い、聖霊降臨を体験したとき、苦難に意味を見いだしました。苦しみに打ち勝ったのではありません。苦しみのただ中に希望の光を見たのです。

教皇ベネディクト十六世は、回勅『希望による救い』の中で述べています。人と一緒に、人のために苦しみを引き受けること、真に愛する人になるために苦しむこと、これこそが、人間であるための基本的な要素だと。キリストは、苦しみの力を超えて復活されました。闇の力がどんなに深くても、失敗が続いたとしても、私個人も社会全体も、決して滅びない愛の力によって支えられています。これこそが、希望です。この希望によって、人生と歴史全体に確かな光が与えられます。傷は、希望へのしるしになるのです

希望の人　聖バキータ

そこで、みことばに生かされ、自分の歴史に神の希望を見いだして生きぬいた現

代の一人の聖人に焦点を当てましょう。その名は、聖ジュセッピーナ・バキータ（St. Giuseppina Bakhita　一八六九〜一九四七）です。バキータはスーダンの南、ダルフールにあるオルゴッサで生まれました。父親は村の副村長、バキータはその次女でした。家族に愛され、幸せそのものだったバキータは、九歳のとき野原で遊んでいるところを奴隷商人にさらわれました。それが家族との永の別れになりました。五度も家畜のように売り買いされ、鞭打たれて血の海に横たわり、百四十四箇所の傷跡は生涯残りました。

一八八二年、バキータはイタリアの駐スーダン副領事カッリスト・レニャーニ（Callisto Legnani）に買われました。副領事に連れてこられたイタリアで、バキータに転機が訪れます。一人の新しい主人に巡り逢ったのです。非情で冷酷でしかなかった主人たちとは違います。新しい主人はすべての主人を超えるあわれみ深い方であり、人となった慈しみです。この主人は、私の造り主であり、私を救い出して幸せにするために自ら進んで鞭打たれる運命を引き受けてくださった。この方は私を知り、こよなく愛し、今は、父である神の右の座で、私を待っていてくださる……。そのときバキータは、大いなる希望を知りました。「私は、どこまでも愛されています。私がどこにいようと、この身に何が起ころうと、愛であるこの方は、両手を広げて私を待っていてくださる。だから私の人生は、素晴らしい」

一八九〇年一月九日、バキータは、洗礼と堅信を受け、ベネツィア総大司教から初聖体を授かりました。そして一八九六年に、ヴェローナでカノッサ修道女会の初誓願を立てました。Sr.バキータは、その生涯をとおして、自分を贖ってくれた大きな「希望」を人びとに伝え続けたのです。

あるとき、子どもたちがSr.バキータに「バキータを奴隷にした商人に、もう一度出会ったとしたら、どうする?」と質問しました。バキータは静かに答えました。「そうね。その人たちの前にひざまずいて、お礼のキッスをするわ」

驚いている子どもたちに、バキータは続けました。「あの人たちにさらわれなければ、私は、イエスさまに出会えなかったもの」

二〇〇〇年十月一日、当時の教皇だった聖ヨハネ・パウロ二世（一九二〇～二〇〇五）は、Sr.バキータを聖人の列に加えました。

《黙想》

◆準備の祈り

私の思いと行いが神への賛美と奉仕になるよう、私の人生の悲運としっかり向き合い、そこに神の御手のわざを読み取ることができる光を願う。

◆聖書のみことば

マタイ7・21〜28、11・28〜30　ヨハネ14・1〜6　ローマ4・13〜25
創世22・1〜15　詩編22、119・106

《黙想の要点》

1　これまでの生涯の苦難を神の目で眺め、以下の要点を黙想します。生涯の中で、私を生かしてくれたみことばは何でしょう。そのみことばは、どのように私を助けましたか。

2　私の生涯にメッセージを送ってくれる聖人はいますか。

3　今、神に向かって、どんなことを叫びたいですか。気づいたことなどをイエスに手紙を書き、イエスから、私宛の手紙をもらってみましょう。

4　黙想の間に、どのような光をいただきましたか。助けになったみことばは何ですか。いただいためぐみや腑に落ちなかった点などをイエスと話し合いましょう。

祈り

人間の弱さをとおしてご自分の愛をお示しになるあわれみの父である神よ、どうか私に、自分のありのままの弱さを受け入れる力をお与えください。私は、自分の弱さから目をそらし、弱さを恥とさえ感じることがあります。しかし主よ、私が自分の弱さから逃げるかぎり、あなたの真の愛と慈しみを知ることはできません。どうか私に力を与え、自分の弱さと至らなさに真摯に向き合い、そこに注がれるあなたの愛とめぐみを見いだせるよう導いてください。私たちの主イエス・キリストによって。アーメン。

ステップ6

苦しみの意味を問う2

――神は、私に夢を託された

ステップ6

苦しみの意味を問う2 ―― 神は、私に夢を託された

苦しみから逃げなくてよい

苦しみの様相はさまざまです。不慮の災害や事故、病気など、否応なく、突然やってくるものがあれば、理想や目標の達成につきものの苦しみもあります。愛と善と真理を追い求める人は、間違いなく挫折や苦悩に直面します。どんな種類の苦しみであれ、耐えがたくつらい。だから人は、一刻も早くそこから逃れたいともがきます。とにかく忘れることだと目を背け、逃げれば痛みは和らぐかもしれません。でも後に残るものは、無意味と虚しさです。逃げ回ってばかりいるなら、当面の苦痛は消えても、真の喜びを得られず、癒されることはありません。苦しみなくして喜びなしです。煩悩や苦悩のない人生が、必ずしも幸せとは言えません。人生には、意味と価値が必要です。神がいてくださって初めて、人生に真の意味と価値が生まれます。なぜなら人間は、幸せを約束された存在として神に創造されたからです。

イエスがもたらした福音は、苦しみを取り除くためではありません。私が苦難の中にいても、喜びのうちにいても、生きる真の意味をつかむためです。福音に生きると、かえって苦しみを背負い込むことさえあります。しかし福音を受け入れさえすれば、生きる意味と価値を取り戻せる。このことは、二千年の教会の歴史をとおして、信仰の多くの先達たちが、その生涯をかけて証明していることです。

一人ひとりの人間が、生きる意味と価値を回復するために、御父は何でもなさいます。喜びであれ、苦しみ、悲しみであれ、神はすべてをとおして、人間の価値を回復しようと試みるのです。とくに人間を脅かす苦悩や危機の中に、生きる意味を見いだす鍵があることを示します。イエスの十字架がそれです。あらゆる希望を人から奪い去るために考え出された十字架刑が、希望の発露になったのです。

神が私に託された夢

ときに絶望に打ちのめされることがあるかもしれません。しかし絶望を知る者こそが真の信仰、真の希望を知るのです。苦しみから逃げる必要はありません。私たちには苦しみに直面する勇気、苦難を抱きしめる力が与えられています。苦しみの中に意味を見いだし、絶望のさなかに信仰に出会い、希望の光を見ることができます。こう考えてみるといいかもしれません。神は、私を世に送り出すとき、夢を託してくださった。その夢とは、何かを成し遂げたり、素晴らしい成果をあげたり、あるいは立派な人間になったりするようなこととは違います。イエスの福音によって苦しみに意味を見いだし、絶望を希望に変え、新しいいのちに生きること、その喜びを他者に伝え、ともに喜び合うことです。十人で分かち合う苦しみは、十分の一になります。十人で分かち合うその喜びは、十倍になります。山上の説教の中でイエスが幸いな人と呼んだ「柔和な人々」（マタイ5・5）とは、そうした人びとでしょう。自分が苦しみ困窮しているさなかに、隣人の苦難に共感できることです。これこそ教会の理想像です。

そこで、神から託された夢の実現に邁進し、その中で苦しみを希望に変え、意味を見いだした人の生き方に焦点を当てましょう。その名は、ペトロ岐部《きべ》神父（一五八七〜一六三九）、キリシタン時代を生きたイエズス会の司祭です。ペトロ岐部は、徒歩でローマに辿り着き、そこで司祭に叙階されてから、イエズス会に入会しました。帰国して宣教活動に打ち込みましたが、ついに捕らえられ、江戸で壮絶な殉教を遂げた人です。

「ペトロ岐部は、転び申さず候」

ペトロ岐部は、一五八七年、豊後の国（現在の大分県）国東《くにさき》半島の岐部村に生まれました。豊臣秀吉が突然、滞在先の博多で伴天連追放令を出した年です。両親とも信者であり出生と同時に受洗したペトロ岐部は、一六〇〇年、天下分け目の関ヶ原の戦いの年に十三歳で有馬のセミナリオに入学しました。ラテン語やポルトガル語をはじめ、司祭になる勉学にいそしみ、一六〇六年に同宿《どうしゅく》（伝道師）になり、九州で宣教師を助けました。

一六一四年、江戸幕府による禁教令によって多くの宣教師が国外に追放されたとき、ペトロ岐部は宣教師たちとともにマカオに渡りました。ちなみに同じ年、福者ユスト高山右近も、マニラに追放されています。マカオに落ち着いたペトロ岐部でしたが、そこでは日本人が司祭になる道は閉ざされていることを知りました。

そこで一六一七年ごろマカオを抜けだし、まずインドのゴアに行きました。しかし、そこでも司祭への道が閉ざされていました。ペトロ岐部は意を決して、ローマを目指すことにしました。現在のパキスタン、イラン、イラク、ヨルダンなどを徒歩で横断し、エルサレムに立ち寄って聖地巡礼をしました。言葉や風習に慣れない一人旅をひたすら続け、ようやくローマに辿り着いたのは、一六二〇年春のことです。

ローマの地を踏んだペトロ岐部は、クィリナーレ宮殿（現在のイタリア共和国大統領官邸）と道一つ隔てた、イエズス会の聖アンドレア修練院を訪ねました。しかし一通の書簡が、彼より先にマカオからローマに届いていたことを知りませんでした。その書簡は、ペトロ岐部がローマに着いたとしても、上長の意に従わない者なので、決して受け入れるべきではないという内容だったのです。

それでも、ペトロ岐部の人となりを知ったイエズス会の目上たちは、司祭叙階に便宜を計ってくれました。そして一六二〇年十一月十五日、ローマの司教座聖堂サン・ジョバンニ・イン・ラテラノ大聖堂で司祭に叙階されたペトロ岐部は、五日後の十一月二十一日にイエズス会への入会が許可されました。ペトロ岐部がそのとき書いた自筆の調書が、今も残っています。

「私は、自分の召し出しに満足しています。そして自分自身と同胞のために前進しようという、大きな希望を抱いています」

誓願を立てた後、日本への帰国を決めたペトロ岐部は、リスボンに移りました。

一六二三年三月二十五日抜錨《ばつびょう》。ペトロ岐部が乗り組んだ船団は、旗艦サンフランシスコ・サビエルはじめ三隻のナウ船、護衛のガレオン船三隻からなるインド艦隊でした。出帆を前に、ペトロ岐部がローマに宛てた惜別の手紙には、その喜びが記されています。「私は、恵みの風を帆いっぱいに受けて、今、旅立とうとしています」

ところが出帆当日の午後、突風で旗艦の帆柱が折れ、護衛のガレオン船一隻が座礁する事故に見舞われました。また、同年九月末、艦隊が最初の寄港地モザンビークに投錨《とうびょう》するまでの間に船上で伝染病が蔓延し、二人の艦長はじめ、旗艦だけで約三百人が病死しました。その中には、エチオピアに派遣された司教一人と司祭四人が含まれています。季節風を待って翌年三月にモザンビークを発った一行は、二カ月後の五月末、ゴアに投錨。ゴアからマカオに向けて出帆したのは、季節風の関係で翌一六二五年四月でした。

当初、ペトロ岐部は東南アジアからの交易船で日本に上陸しようと考えました。しかし、マカオ、アユタヤ、マニラなど帰国を試みたいずれの地域も、日本との交易を打ち切っていました。そこでフィリピンでぼろ船を調達し、一六三〇年、ついに薩摩の坊津《ぼうのつ》に上陸できました。リスボンを出帆してから、すでに七年半の歳月が流れており、四回の難破の憂き目にも遭っていました。

潜伏しながら各地で活動を続けた彼の心情を語る一つの逸話が、マカオの神学院長マヌエル・ディアスの書簡に記されています。一六三三年秋、中浦ジュリアンたちが殉教したとき、ペトロ岐部は長崎の山中に潜伏していました。イエズス会日本管区長代理フェレイラ師が棄教したと聞いたペトロ岐部は、フェレイラに会って励ましました。

「ともに奉行所へ行き、棄教を取り消しましょう。そして一緒に死にましょう」

フェレイラは断りましたが、この逸話は兄弟の救いを願う司祭の心情をよく表しています。その後ペトロ岐部は東北地方に移り、仙台領内の水沢で捕らえられ、江戸に護送されました。五回目の取り調べには三代将軍家光が隣席したと記録されています。

ペトロ岐部はさまざまな拷問の末、宗門改役井上筑後守により穴吊りにされました。それでも信仰を捨てないペトロ岐部を見た役人は、真っ赤に焼けた鉄棒を彼の腹に押しつけ、絶命させました。一六三九年のことです。ペトロ岐部の処刑について記した井上筑後守直筆の調書が、今も残っています。奇しくもその一言が、ペトロ岐部の生涯を端的に言い表しています。「ペトロ岐部は、転び申さず候」

ペトロ岐部は、神から託された夢をかなえ、福音宣教に生涯をささげきりました。それなのに、なぜこれほどの艱難辛苦に見舞われたのでしょう。もしかすると、本人にもそれは神秘に感じられたかもしれません。しかし私たちは知っています。想像を絶する苦悩に満ちた彼の生涯は、後に続く私たちに希望を確信させるためであったということを。

《黙想》

◆準備の祈り

私の思いと行いが神への賛美と奉仕になるよう、自分の弱さと苦しみに積極的な意味を見いだすめぐみを願う。

◆聖書のみことば

マタイ5・39〜45、11・25〜30　ローマ8・18〜28

イザヤ6・1〜9　アモス9・11〜15

《黙想の要点》

1　人生に絶望した体験がありますか。それは、どのように始まりましたか。

2　そこからどうやって抜けだし、希望の光を見つけましたか。

3　今、どのような力が私を神から引き離そうとしているでしょうか。どのような悪の力が、日本の社会に働いていますか。それはどんなプログラムですか。

4　神は、それらをどのようなまなざしで見ているか、イエスと対話をしてみましょう。

5　それらについて、私はどのようにするよう召されていると感じますか。

祈り

私の弱さに寄り添ってくださる神よ、あなたは弱さと苦しみに負けてしまう私に勇気を与えるために、多くの人を選び、あなたに従う意味と喜びを示してくださいます。福者ペトロ岐部は、その生涯をかけて人びとの救いのために尽くしぬき、苦難のただ中でも味わえる喜びを示しました。その生涯に励まされ、苦難の中に喜びの光を見失わない生き方ができるようお導きください。私たちの主イエス・キリストによって。アーメン。

ステップ7

私の救いの歴史を祈る

――私の歴史は、神の救いの書

ステップ7

私の救いの歴史を祈る——私の歴史は、神の救いの書

神の愛は、実現性のないような、たんなる理想ではありません。イエスにおいて実現しています。イエスにおいて愛を表した神は、私たち一人ひとりの生きた歴史の中で力強く生きて働きます。神は目に見えず、耳で聞こえません。でもこころの耳を澄ませばその息遣いを感じ、声を聞くことができます。こころの目を凝らせば、そのわざを目の当たりにすることもできるはずです。何に耳を傾け、目を凝らすのか。それは、これまで辿ってきた私の歴史です。

思い起こして記念せよ

旧約の民は、歴史の中で実現した神のわざを思い起こし、記念しました。神は、奴隷であった先祖たちを救い出し、乾いた足で紅海を渡らせ、約束の地に導いてくださった。その同じ神は、私たちを必ず救うと約束してくださっている。だから今は苦しんでいるが、必ず神は私たちを顧みてくださる。旧約の民は、出エジプトの出来事を思

い起こし、記念し、それを祝うことによって未来への希望を新たにしました。同じように新約の民は、新しい過越、すなわちイエス・キリストの十字架と復活を思い起こして記念し、それを祝います。ミサはそのためにイエス自身が定めた祭りです。

これから、神による救いの書である自分自身の歴史に目を向け、じっくり黙想してみましょう。神が私をどんなに愛してくださったかを改めて思い起こしてみましょう。こうして、未来への希望と生きる力をいただくことができるのです。

自分の歴史を祈る

自分の歴史を祈ることとは、もう一つの実りをもたらします。神に愛された人としての自分自身を理解することによって、自分らしさを知ることができます。人は歴史です。人を深く理解するには、その人の歴史を正しく理解しなければなりません。西ドイツの首相であったリヒャルト・フォン・ヴァイツゼッカー（Richard Karl Freiherr von Weizsäcker 一九二〇～二〇一五）は言いました。歴史を無視し、忘れる者は、自分自身を殺すのであると。

人生は、自分の期待にそわない出来事の連続と感じることがあるかもしれません。

いやな目に遭えば、失望し反発する。それは人情というものでしょう。自分の価値観、自分の望みに足を取られるからです。自分自身の歴史を、自分の価値観ではなく神の価値観で見直しましょう。自身の思惑を脇に置き、神の慈しみの目で自分の生涯を見直すと、それまで見えていなかったものが見えてくるに違いありません。自分の意に沿わず、意味を理解できなかった御旨を受け入れ、抱きしめ、責任を引き受けることで、自身の歴史と和解することができるでしょう。

自分の歴史を祈る上で、もう一つこころがけるべき点があります。それは、現在や過去に体験した出来事の意味を、その出来事以前の過去の目で見ないようにすること。五年前の出来事を十五年前の体験によって評価しないことです。たとえば自分があの高校の入試に失敗したのは、小学生のころ、「お前は頭が悪い」と親に言われていたからだ、と考えないことです。では、どうすればいいのでしょうか。未来の目で過去と現在を眺めましょう。自分がこの世の生を終え、イエスのもとに召されたときの目、つまり明るい未来の目で、今を眺めるのです。あのときはつらかったけれど、今にして思えばこんな素晴らしい意味があったのか、そう思いかえすことができるでしょう。そうすれば、私の歴史の意味は変わるはずです。これを終末論的な見方といいます。

歴史を祈ろうとすると、せっかく封印し忘れかけていた古傷に触れてしまうかもしれません。しかしそれらを改めて神の目で眺めるとき、苦しみの意味は変わります。神は、私の奥底にいつもぴったり寄り添い、支えてくださっていた事実に気づくことでしょう。自分の人生の不幸を愛することができれば、人生は一変します。死の床についている人でさえ、喜びの歌を歌うことができる。それが信仰の醍醐味です。

「信じる者が一人も滅びることなく」（ヨハネ3・16）

私事で恐縮ですが、実は私も、長い間、神から愛されている実感などとうてい感じていない人間でした。私は生まれつきの弱視で、めがねをかけても両眼の視力は、〇・〇四です。小学校に上がるとき、教育委員会は今でいう特別支援学校、当時の盲学校への通学を勧告しました。しかし健常児との混合教育が有意義と訴えた両親の願いが受け入れられました。教室での勉強は苦労しました。友だちと遊んでもらえず、一人ぼっちで過ごす運動会もいやでした。神にこころ引かれる一方、なぜ神は、私をこんな目に遭わせるのかという不信感が根強く、人間不信も拭えず、悲しみがこころの奥底に氷の塊のようにつかえていました。こうした信仰と不信のジレンマを抱えたまま、イエズス会に入れてもらいました。イエズス会では司祭叙階に平均十年前後必要なところ、なぜか六年で許可されました。ところが叙階の喜びどころか、これは何かの間違いだと戸惑うばかりでした。そんな気持ちで長い間過ごしていたのですが、そんな私にも、神は手を差し伸べてくださいました。

転機はふいに訪れます。シスターたちへの八日間の黙想同伴を準備しているとき、ヨハネ福音書の一節がふと目に止まり、はっとしました。三章十六節です。

「神は、その独り子をお与えになったほどに、世を愛された。独り子を信じる者が一人も滅びないで、永遠の命を得るためである」

これは初めて接したみことばではありませんでした。しかし気がつきました。「信じる者が一人も滅びないで」と言うのです。「一人も」です。だから私も入れていただいている。こんなひねくれた、不信仰な私が滅びないように、失われないようにするにはどうしたらいいのか、それを考えあぐね、悩みぬいた末に、もうこれしかないと思い詰めてイエスは十字架についてくださった。私の幼いころから母が口癖のように私に繰り返した言葉、「イエスさまを思えば」の意味が、ようやくわかりました。

そこで人生に対する視点が変わりました。それまでの私は、どうせ自分はという気持ち一色でした。しかし「イエスさまのことを思えば」に気づいてから、一変しました。私を支配していた悲しみや孤独から自由になり、かわりに神に対する感謝、イエズス会に対する感謝の念が湧いてきました。そして差別や疎外と思い込んでいた周りの親切、配慮に気づくことができたのです。神が、とことん大切にしてくれているのだから、もう大丈夫。ひがむことも嫉妬することも少なくなりました。

《黙想》

◆祈りの準備

私の思いと行いが神への賛美と奉仕になるよう、真に神に愛されている実感を強くしてくださるよう願う。

◆聖書のみことば

マタイ13・3～8　ヨハネ3・16～17　ローマ8・38～39　一コリント3・1～17
二コリント1・3～8
イザヤ49・1～26、55・1～5、65・1～2　エレミヤ18・2～6

《黙想の要点》

1　神はどのような機会を使って、私と出会うきっかけをつくってくれましたか。

2　初めての出会いから今まで、神がともにいてくださると実感したのは、どんなときでしたか。また、神がともにいてくださると実感できなかったのは、どんなときでしたか。

3　人生をとおして付き合ってきた「弱さ」とは、どのようなものでしょう。神は、そんな私をどのように受け止め、支えてくださったと感じていますか。

4　これまでの信仰生活の中で、不安の中でも神に信頼し、思い切って無条件の委ねをした体験を振り返ってみましょう。それはどのように始まり、どのよう結果になりましたか。

5　神のイメージは、ときとともに変わりましたか。変わったとすれば、いつどのように変わりましたか。

6　神が私の歴史の中でなさったこと、それに対する私の答えとその結果には、何かのパターンがありますか。

7　未来の自分にどんなイメージをもっていますか。未来の自分にどんなメッセージを送りたいですか。また未来の自分からどんなメッセージが届くと嬉しいですか。

創造とあがないと個人的な賜物など、受けた恵みを思い起こし、主なる神がわたしのために、いかに尽くされたか、ご自分がもっておられるものから、どれほど多く与えられたか、また同じ主が、神の計画に従って可能なかぎり、ご自分をわたしにどれほど与えようと望んでおられるかを深い感動をもって思い巡らす。

（聖イグナチオ・デ・ロヨラ『霊操』234「愛を求める観想」）

祈り

人びとの救いに全力を傾けてくださる神よ、あなたは、人びとの過ちや失敗をとおしてでさえ、ご自分の救いの計画を実現していきます。神よ、どうか私が自分の歴史をありのままに見直し、失敗や傷と考えていた人生の出来事が、あなたのめぐみとあわれみによって力強く支えられていたことに気づかせてください。その気づきをとおして自分の歴史と和解し、未来への希望につなげることができるよう、お導きください。
私たちの主イエス・キリストによって。アーメン

ステップ8

私の「原理と基礎」——未来に向かって

ステップ8

私の「原理と基礎」――未来に向かって

苦しみや危機に向き合うために始めたこの黙想の旅は、最終段階を迎えようとしています。本書をヒントに黙想に励んだ皆さん一人ひとりは、気づきの中で光、めぐみ、力をいただき、その意味をはっきり悟ったことでしょう。そしてご自身の中で、何かがかわったと実感しておられるのではないでしょうか。

第八のステップは、それらすべてをしっかり自分のものとするときです。そのための一つの方法があります。第一に、これまでのステップでいただいた賜物をしっかり書き留めましょう。稚拙な文章でかまいません。短くてもいい、書き留めることです。そうしないと、せっかくのめぐみは忘れ去られていきます。

第二に、もしできれば、それらを自分が生きる原理と基礎という形でまとめることです。いのちがけで私たちを救うとゲツセマネで決断されたイエスに応えて、私たちも真剣に決断したい。それを「原理と基礎」という形で表すのです。

「原理と基礎」をいただく

私たちの「原理と基礎」は、ステップ2で祈った神の「原理と基礎」に呼応するものです。そこで、神の「原理と基礎」について、おさらいしておきましょう。自覚しているかどうかは別として、誰でも、自分の原理と基礎をもっています。人は皆、自分の価値観に基づき何をするかを決めます。危機のときこそ、それがはっきりします。

たとえばコロナ禍を前にすると、その人の基本的な価値観がはっきり表れます。すべてのいのちを尊重するとの価値観であれば、目標は感染の収束です。ウイルスを根絶する方法がないかぎり、感染の収束には人間同士の接触を遮断するしかありません。徹底的な社会活動の休止で速やかに感染の沈静化が進み、それによって経済への損失を防げられると考えるでしょう。経済こそが大切との基本的価値観なら、コロナウイルスによる感染拡大や、それによる死者数の増大の問題は、二の次になります。経済を回しながら感染対策を続けるなら、コロナ感染もすぐには収まらないかもしれませんが、経済への影響は抑えられるかもしれません。

さて、話をもとに戻しましょう。私たち一人ひとりはどのような価値観をもっているでしょうか。建前ではありません。本音の価値観です。言い換えれば、何が自分を真に幸せにするのか、それが問われているのです。その価値観が行動を左右します。うわべで信仰を口にしていても、物質的な豊かさ、自分の思惑どおりに振る舞うこと、名誉こそ大切だと信じていれば、神から離れていきます。神の無限の愛とそのはからいを知った私は、それにどのように応えていくのでしょうか。その姿勢を表すものが「原理と基礎」です。そこで十六世紀にイエズス会を創立した聖イグナチオ・デ・ロヨラの祈りの方法である『霊操』に記された自身の「原理と基礎」を読んでみましょう。

聖イグナチオの原理と基礎

人が創造された目的は、私たちの主である神を賛美し、敬い、仕えるためです。こうすることによって、人は自分の救いを実現します。

また、地上のほかのものは、人のために造られました。つまり、人が造られた目的をまっとうする上で助けになるためです。そこで人は、何であっても自分の目的に助けになるかぎりそれを使い、妨げになるかぎりそこから離れるべきです。

ですから、私たちの自由意志に任せられ禁じられていないかぎり、すべての事柄に対して偏らない心を育てなければなりません。私たちのほうからは、病気よりも健康、貧しさよりも富、不名誉よりも名誉、短命よりも長寿を望むのではなく、その他すべてにおいて、ただ私たちが造られた目的に、いっそうよく導いてくれるものだけを望み、選ぶべきです。

（聖イグナチオ・デ・ロヨラ『霊操』23）

自分の「原理と基礎」を書く

聖イグナチオの霊操に記された「原理と基礎」は、すべてのキリスト者のためです。これを参考にして今までの黙想を踏まえ、次の問いに答えながら自分自身の「原理と基礎」を書きだしてみましょう。

1　私にとって神は、どのような方でしょうか。
2　神にとって私は、どのような存在でしょうか。
3　私を取り巻く世界、そこに存在する被造物は、私にとってどのような存在でしょうか。

4　私の歴史を振り返って、神は私にどのような夢を託してくださったでしょうか。

5　私はそれをどのような方法で実現しようとしていますか。

6　私が神から託された夢を実現する上で、何が益になるでしょうか。

7　私が神から託された夢を実現する上で、何が不都合になると感じますか。

8　私はその不都合になることと、どのように向き合いますか。

あるシスターの「原理と基礎」

「原理と基礎」のモデルを紹介しましょう。一つは、入会二十五年を迎えた五十代のシスターの「原理と基礎」、もう一つは、終生誓願を宣立した三十代のシスターの「原理と基礎」です。少しも気負わず、しかもひたむきで力強い思いが伝わってきます。

＊「喜びと感謝のしるしとなるように生きる」（Sr. C・M）

神は、永遠から私を神の子とし、神のいのちを与えてくださいました。この尊い恵みを受けながらも、しばしば神を忘れ、神から離れてしまう弱い私です。しかしこのような私に、「主に立ち帰って生きよ」と力強く招かれる主に、私は生涯、どのような試練にあっても、主に喜びと感謝、賛美の心を表して生きていくよう招かれています。そして、それは今、ともに歩む兄弟姉妹を神の子として認め、愛し、仕えることによって証しできるのです。姉妹や出会う人々の心の叫びに耳を傾け、仕え、愛することによって、救いの道をともに歩むことは、神の喜びです。主よ、私を喜びと感謝のしるしとしてお遣わしください。

＊「神からいただいた私の原理と基礎」（Sr. E・Y）

私にとって神は、いつも私を信頼し、希望し、愛し、祝福を与え続けておられる方。神にとって私は、いつも共にいて祝福で満たし、ご自分の使命を一緒に果たしてほしい存在。私は、ご自分が痛むほど深く人間を愛する神が確かに存在することを示す、神に強く結ばれたシスターになりたいという深い強い望みに突き動かされてきた。どんな状況にあっても主に従いたいという深い強い望みはなくならなかった。大司祭イエス・キリストの司祭職奉仕は私の深い心の喜び。神は、ご自分の存在を人々に目に見えるしるしとなって示すという夢を私に与えられた。神は愛、永遠に私たちを信頼し夢と希望、愛と祝福で満たす方であるということを示す夢を私に与えられた。私が奉献生活者の存在によって神の存在を信じたように、私も人々に対してそうなりたい。これを実現するために、第一に神のあたたかな揺らぐことのない愛で愛されている実感、神との親しさを深めたい。日々のご聖体拝領によって、どんな苦しみのときも神のみに頼る心を育て、この世の闇を歩いているようでもその中に主の光を常に見いだし、奉献生活者として光となることができるように。病気や自分の弱さ貧しさが夢をかなえようとする私の前に壁のように立ちはだかっても、人に理解されなかったり悪意に苦しめられたり孤独に陥っても、主に支えられていることを信じて主のみに頼り、いただいた神の夢を中心に据え、神への奉仕のために何がよりよいものかを識別しながら乗り越えたい。もし病気や自分の弱さ貧しさが神から与えられた夢の実現のために役立つならそれを望む。

これらのモデルを参考に、自分の「原理と基礎」を恐れなく、言葉に書き表してみましょう。

八つのステップのむすびに

――感謝に満たされて

ここは、八つのステップを締めくくるための小部屋です。祈りはすべて、感謝の祈りで終わるからです。神から愛されている実感は、感謝のこころを呼び起こします。愛は感謝のこころを生むのです。感謝、それはたんに「ありがとう」ではありません。「ありがとう」をはるかに超えた境地です。感謝は、信頼、希望、喜び、敬意、奉仕、賛美がいっぱいに詰めこまれたこころです。だから感謝は、人の存在のあり方、生き方そのものといえるでしょう。

感謝は希望と信頼

感謝は愛から生まれ、希望を生みます。感謝に満ちた希望、それは信仰にほかなりません。「希望」と「信仰」は、同じ内容を示し、ときには互いに置き換えられる言葉です。自分の人生が、惨めで無意味で情けないように思えたとしても、人は神の前で尊く、祝福の中にあり、神に支えられている。そして必ず神に迎えていただける。これが私たちの信仰の実りです。だから、どんなときにも感謝し、希望を失わずに生きられます。

私たちの人生に意味を与えるのは、神です。私たちは、今の自分の状況、辿ってきた過去、そして未来を、自分の目ではなく、希望の源である神の目で見ることができます。信仰に支えられた希望があるからこそ、人は進んで苦しみを選び取る力をもてるのです。人となられた真理と愛の神は、私たちのために私たちとともに苦しむことを選びました。そして復活し、私たちとともにいてくださり、永遠の住処を約束してくださいました。このことをしっかりとこころに刻むことができるよう、結びの黙想をいたしましょう。

《むすびの黙想》

◆準備の祈り

私の思いと行いが、ひたすら神への奉仕と賛美になるように、自分の意に沿うことであれ、沿わないことであれ、人生のすべてを感謝と希望の目で受け止めることができるめぐみを願う。

◆聖書のみことばをもう一度、こころに響かせましょう。

＊「信仰とは、望んでいる事柄を確信し、見えない事実を確認することです」（ヘブライ11・1）信仰とは、希望している事柄がすでに実現しつつあることを知ることです。

＊「わたしはあなたを多くの民の父と定めた」（ローマ4・17）　死者にいのちを与え、存在していないものを呼び出して存在させる神を、アブラハムは信じました。アブラハムは希望するすべもなかったときに、なお望みを抱いて信じ、「あなたの子孫はこのようになる」（同4・18）と言われていたとおりに、多くの民の父となりました。そのころアブラハムは、およそ百歳になっていて、すでに体が衰えており、妻サラも子を宿せないと知りながらも、その信仰が弱まりはしませんでした。

＊「かつて書かれた事柄は、すべてわたしたちを教え導くためのものです。それでわたしたちは、聖書から忍耐と慰めを学んで希望を持ち続けることができるのです」（ローマ15・4）

＊ルカ15・1〜10　感謝は、見つけていただく喜びです。人は神を見いだせず、闇のただ中にいるとき、突然イエスに呼び出され、めぐみに生きることをゆるされます。私はただ、その喜びに浸るのです。また人は、自分の知恵で真の幸福を見つけることも困難です。迷っている私を神に見つけていただくのです。

＊ルカ19・1〜10　感謝は、ゆるされる喜びです。人は、自力で自分の罪を贖うことは不可能です。科学も、罪の贖いには役立ちません。それができるのは、神だけです。

善行を積んでそれと引き換えにゆるしていただくのではないのです。罪のゆるしは、神のめぐみ以外の何ものでもありません。私たちは、ただ感謝し両手を広げてそのめぐみを受けるだけです。

＊マタイ9・14〜17　ヨハネ14・23　感謝は、イエスとともにいる喜びです。人間の最高の幸せは、たんに神のみ顔を直接仰ぐこと（至福直感）をはるかに超えています。至福とは、神と一致し、神とともにいることです。花婿であるキリストと結ばれるのです。

＊ヨハネ6・1〜15　マタイ16・26　感謝は、大切にしていただける喜びです。神にとって人は無条件に尊い存在です。なぜなら神のいのちが分け与えられているからです（創世2・7）。人の価値観によれば、人間の価値はせいぜい何かの役に立つか立たないかで決められてしまいます。でも神の目から見るとパン屑などありません。いくら小さくてもパンはパンであるように、すべての人のいのちは、一人ひとりが地球より重いのです。

希望の源である神が、信仰によって得られるあらゆる喜びと平和とであなたがたを満たし、聖霊の力によって希望に満ちあふれさせてくださるように。

《黙想の要点》

1　絶望の淵にあってもなお、神に賛美の歌を歌うことができた人を知っていますか。
2　そのような生き方ができるには、どのようなめぐみを願えばよいでしょうか。
3　そのときはとうてい承服しかねた苦しく困難な出来事や経験が、今はめぐみとして感謝できるように思える体験はありますか。
4　苦しみの体験が喜びに変わったとすれば、そのきっかけは何でしたか。
5　その出来事によって、私の人生に対する姿勢は変わりましたか。どのように変わったと感じますか。

そしてこれまでの八つのステップをとおしていただいたすべての実りについて、こころを開いてイエスと親しく話し合いましょう。その後、イエスに手紙を書き、またイエスから手紙をいただくことができれば、喜びはひとしおです。

祈り

慈しみ深い神よ、あなたに深く感謝します。この黙想をとおして、あなたのめぐみに支えられ、深く豊かな感謝の意味を知ることができたことを嬉しく思います。イエスは、直後に弟子たちから裏切られることを知っていながら最後の晩餐でパンとぶどう酒を分け与えるとき、あなたに感謝をささげました。どうか神よ、そのときのイエスと同じ感謝のこころを私にも沸き上がらせてください。私を愛してくださるイエスがともにいてくださるなら、苦しみの中に慰めと感謝があふれることでしょう。人生の傷は、希望への確かなしるしになることを確信します。どうか私の願いを聞き入れてください。私たちの主、イエス・キリストによって。アーメン。

祈りの旅の振り返り

私たちは、この黙想の中で神との出会いを体験しました。その歩みをとおして豊かなめぐみと照らしを受け、神と私の絆が、いっそう深まったことでしょう。黙想を終えるに当たって、それらすべてを振り返ってみましょう。

1　黙想中にいただいた新たな気づきについて

・この黙想を体験して、印象的な気づきがありましたか。
・その気づきによって、自分の価値観や考え方が変わったと感じますか。

・聖書の、どのみことばが、こころに深く沁み渡りましたか。

・ぴんとこなかったり、反発を感じたりしたみことばや黙想のテーマがありましたか。それは、なぜですか。

2 神とのかかわりについて

・今回の黙想で、神から徹底的に愛されている実感を得ることはできましたか。

・とくに、何について神からの呼びかけを感じましたか。それにどう応えましたか。

・神と語るとき、どのようなこころの動きが表現しやすいと感じましたか。

・神と向き合うとき、不安に感じた点はありましたか。それはなぜでしょう。

・神の前に出たとき、安心し、喜びを感じていましたか。

・自分が抱く「神のイメージ」「イエスのイメージ」は、変わりましたか。

3 私自身のこころについて

・今回の黙想をとおして、何かから解き放たれた実感、または解き放たれる予感を感じましたか。

・こころの中に感じる深くて強い望みに気づきましたか。その望みは深まりましたか。

・祈りの間に、腑に落ちないこと、抵抗や行き詰まりを感じたことがありますか。あったとすれば、それは、どのようなものでしたか。現在は、どうですか。

・これから、さらに深めていきたい聖書のみことばがありますか。

4　祈り方について

・この黙想をとおして、自分の祈り方に気づきましたか。

・祈りの妨げになるもの（普段の心配事、将来の不安など）を感じたとすれば、それは何でしたか。

・祈りを深めるために、みことば、イメージ、好きな祈りのことばなど、何が役立ちましたか。

5　黙想の進め方について

・八日間の歩みの中で、自分の歴史、苦しみの意味、

過越の神秘について理解が深まりましたか。

・今回は、どのテーマが祈りやすいと感じましたか。
祈りにくいと感じたテーマは何でしたか。

・祈りに十分集中できましたか。集中しにくかったとすれば、その原因は何でしょうか。

6 望んでいるめぐみについて

・黙想で得たいと願っためぐみをいただきましたか。
それはどのようにいただきましたか。

・苦しみや危機としっかり向き合い、こころを開いてイエスにそれを見せられましたか。

・抱え込んでいた苦しみをイエスの生涯に重ねることによって、苦難に光を見いだすことができたでしょうか。

7　全体として

・この黙想の旅をイエスに委ねて進めることができましたか。

・この祈りの旅に満足しましたか。満足できなかったとすれば、その原因は何でしょうか。

あとがき

この黙想は個人で行うことが基本であると、「本書の使い方」に記しました。しかし一連の黙想の実りは、祈る個人に留まらず共同体に開かれています。なぜなら、苦しみや試練がたとえ自分個人の問題として立ち表れてくるとしても、その苦しみとそこから得られる実りは、信仰共同体全体の宝として共有すべきだからです。隣人の苦しみと喜びを自分のこととして感じることができなければ、健全な共同体は実現しません。人は、共同体なしで生きられない存在です。個人は、共同体の中で自己の意味を見いだし、愛に生きられます。

現代は、他人の苦しみに共感できず、自己の苦しみを分かち合えない時代かもしれません。共同体が劣化しているのです。それを救う手立ては一つ。他者の苦しみに共感する力です。弱い立場に立たされている人びとに寄り添おうと努めている日本のカトリック教会は、そうした時代に輝く一条の光です。本書が、他者の痛みに共感できる信仰を育てるよすがになればと願っています。

本書の刊行のきっかけは、二〇二〇年にドン・ボスコ社の月刊誌『カトリック生活』

に掲載した連載記事を冊子にしてはという読者の皆さまからの声です。連載記事に書ききれなかった内容を盛り込むなど改訂作業を進め、読み物よりむしろ黙想の手引きとして役立てていただけるようこころがけました。

本書の書名「傷は希望へのしるし」は、イエスのカリタス修道女会のSr.エリザベット前田智晶さまが作詞作曲した聖歌の曲名をそのまま拝借しました。ご自身の信仰体験から生まれたこの曲の題名は本書の書名にもっとも相応しいと思い、お願いしました。これを快諾してくださったSr.前田智晶さまに深く御礼申しあげます。

なお末筆ながら、本書の発行にあたり、推薦のことばをいただいた白浜満広島司教さま、表紙と本文のためにたくさんのすばらしい写真を提供してくださったドン・ボスコ社社長の関谷義樹神父さま、本書の刊行を勧めるとともに、多くの貴重な助言をいただいたドン・ボスコ社の金澤康子さまはじめ編集部の皆さま、装幀を担当してくださった森野富美子さまにこころから感謝申しあげます。

二〇二一年二月八日　聖ジュゼッピーナ　バキータの記念日

平林冬樹

［著者紹介］
平林冬樹（ひらばやし ふゆき）
イエズス会司祭。1951年フランス、パリ生まれ。上智大学大学院神学研究科博士前期課程修了。教皇庁立グレゴリアーナ大学大学院教義神学専攻博士後期課程修了。教皇庁諸宗教対話評議会 東アジア担当、㈽カトリック中央協議会秘書室広報部長、研究企画部長などを経て、現在、日本カトリック司教協議会列聖推進委員会秘書。上智大学神学部非常勤講師。

［表紙・文中写真］
関谷義樹（せきや よしき）
サレジオ会司祭。2010年よりドン・ボスコ社代表を務める。

※裏表紙 イエズス会の紋章
中央の「IHS」は、人びとの救い主であるイエス」(IESUS HOMINUM SALVATOR) の頭文字。

下部に描かれた三本の釘は、イエスがゴルゴダの丘で十字架にかけられたとき、手足に打たれた釘を表す。

周囲を取り巻く光線は、ほとばしり出る神の栄光を象徴している。

※本文中の聖書引用は『聖書 新共同訳』（日本聖書協会）による。

Imprimi potest
Tokyo, die 3 Febr. 2021.
Renzo De Luca, Praep. Prov. Iap., S.I.

Imprimatur
Tokyo, die 4 Febr. 2021.
Tarcisius Isao Kikuchi, S.V.D.
Archiepiscopus Tokiensis

傷《きず》は希望《きぼう》へのしるし

苦《くる》しみを喜《よろこ》びに変《か》えるための8つのステップ

2021年3月15日　初版発行
　　　7月12日　2刷発行

著者　平林冬樹
発行者　関谷義樹
発行所　ドン・ボスコ社
〒160-0004　東京都新宿区四谷1-9-7
TEL03-3351-7041　FAX03-3351-5430
印刷所　株式会社平文社
装幀　TM HOUSE

ISBN978-4-88626-676-7
（乱丁・落丁はお取替えいたします）